QUESTION

DU

BUDGET

SOLUTION

PAR

JOSEPH COLOMBET

Expert-Comptable

Vice-Président honoraire de la Chambre Syndicale des Comptables
du Département de la Seine.

PRIX : 25 CENTIMES

PARIS
GENÈVE, IMPRIMEUR-ÉDITEUR
56, PASSAGE DU CAIRE, 56
—
1887

QUESTION

DU

BUDGET

SOLUTION

PAR

JOSEPH COLOMBET

Expert-Comptable

Vice-Président honoraire de la Chambre Syndicale des Comptables
du Département de la Seine

PRIX : 25 CENTIMES

PARIS
GENÈVE, IMPRIMEUR-ÉDITEUR
56, PASSAGE DU CAIRE, 56

1887

QUESTION

DU

BUDGET

Situation Économique

Depuis de longs siècles déjà, la lutte est engagée entre les différentes classes de la Société, c'est-à-dire, entre ceux qui possèdent et ceux qui n'ont rien, entre les riches et les pauvres.

A certaines époques de notre histoire, nous voyons les tentatives qui ont été faites par les déshérités, par ceux qui étaient opprimés, pour leur émancipation. Ces luttes qui étaient au début assez rares, à cause de l'ignorance dans laquelle étaient tenues les classes inférieures, sont devenues plus fréquentes à mesure que les hommes ont eu davantage conscience de leur valeur et de leur force. De toutes les tentatives d'affranchissement, celle qui eût les résultats les plus considérables fût, incontestablement, la Révolution française de 1789.

La noblesse qui avait alors, à peu près, tous les privilèges, ne sut pas faire à la bourgeoisie les sacrifices qu'exigeait la situation. Elle ne sut pas reconnaître que pendant qu'elle s'énervait dans les jouissances que les hasards de la fortune et de la naissance lui procuraient, d'autres hommes travaillaient, s'instruisaient, acquéraient la science et la valeur qui leur faisaient défaut; elle ne pressentit pas que cette supériorité morale devait un jour l'écraser.

Ces hommes nouveaux, en effet, devinrent les maîtres ; la puissance et les privilèges de la noblesse passèrent entre les mains de la bourgeoisie qui, depuis un siècle règne et domine dans notre société moderne ; mais, ainsi que la noblesse à laquelle elle à succédé, elle ne tient aucun compte d'une autre classe qui, elle aussi, a des aspirations et des besoins auxquels il faut satisfaire.

C'est cette dernière classe qui a toujours servi d'instrument aux deux autres, et au nom de laquelle on a toujours fait toutes les révolutions ; à laquelle on a toujours tout promis et rien donné, c'est cette classe enfin, qui a toujours été sacrifiée et qui, aujourd'hui commence à gronder et à réclamer sa place au soleil.

Prenez-y garde, vous qui possédez la richesse, sa colère monte comme une immense marée dont les vagues furieuses vous engloutiront si vous ne savez pas lui opposer une digue !

Que se passe-t-il en ce moment ? A l'occident de l'Europe, partout, des grèves ; la revendication du travail vis-à-vis du capital, la misère en face de l'opulence ; la haine et la convoitise d'un côté, l'indifférence et le dédain de l'autre. Au lieu de la paix sociale, nous ne voyons que le trouble et l'anarchie morale : telle est la situation présente, aussi, est-il de toute nécessité de modifier cet état de choses afin d'éviter l'effroyable catastrophe dont nous sommes tous menacés, car dans ces crises terribles, le progrès recule toujours.

Dans la position où se trouvent aujourd'hui les deux seules classes de la société : l'aristocratie et le prolétariat, il faut absolument que toutes deux se fassent des concessions réciproques.

Le travail, qui représente le prolétariat, produit le capital qui fait l'aristocratie, donc, pas de travail, pas de capital. De plus, sans le concours du travail, le capital reste impuissant, improductif ; il s'anéantit et disparaît fatalement dans un temps plus ou moins éloigné. Donc, si le capital est produit et fécondé par le travail, il ne peut continuer à exister qu'avec son appui. D'autre part, le travail ne saurait rien produire sans le capital qui lui est indispensable.

Ces deux éléments de la vie sociale sont donc intimement liés l'un à l'autre et ne peuvent pas vivre séparés. En conséquence, chacun d'eux doit avoir sa part équitablement répartie, sans quoi, la bonne harmonie sera troublée et il en résultera des crises qui leur seront également préjudiciables.

Si nous jetons les yeux sur la situation des représentants de chacun de ces deux facteurs de l'activité humaine, que voyons-nous ?

Ceux qui possèdent le capital ayant toutes les jouissances d'ici-bas ; le bien-être, le luxe, l'existence facile et assurée pour leurs vieux jours.

Ceux qui n'ont pas de capital, travaillant toujours, sans certitude du lendemain, vivant misérablement au jour le jour et gagnant à peine de quoi suffire aux besoins matériels de leur existence, sans avoir même la certitude de mourir tranquillement dans un hôpital, après avoir subi toutes les humiliations occasionnées par la misère.

Certainement tous les esprits honnêtes sont frappés des résultats si différents et si injustes produits par cette association du capital et du travail.

Quelles sont les causes de ce déplorable état de choses et quels sont les moyens d'y remédier ? C'est ce que nous allons essayer de démontrer.

Création d'un impôt unique et diminution du budget.

Quand une entreprise commerciale ou industrielle quelconque ne marche pas bien ; quand sa situation est embarrassée, qu'elle va droit à la faillite, à la ruine, que doit-elle faire ? Chercher *pourquoi* elle périclite, et *comment* on pourra la remettre en bonne voie. De même nous devons faire aujourd'hui pour notre pays dont la situation économique est gravement compromise.

Pourquoi et *comment* sont les deux termes d'une équation que nous devons trouver.

Pourquoi les contribuables sont-ils écrasés d'impôts de toutes sortes ? Parce qu'en France nous sommes atteints de la *fonctionnomanie* et que, si celà continue, il y aura bientôt, sur trois individus, deux fonctionnaires qui devront être entretenus par le malheureux troisième.

Comment diminuer le nombre des fonctionnaires et employés qui grèvent si considérablement le budget? En commençant d'abord par exiger d'eux un temps de travail égal à celui de tout ouvrier ou employé dans l'industrie, à qui les patrons ne veulent généralement pas faire des rentes. Si l'on obtenait de chaque fonctionnaire un temps et une production de travail rationnels, on s'apercevrait bientôt que le nombre pourrait en être diminué de 75 0/0 (*).

Il est facile de calculer les jolies petites économies qu'on réaliserait de ce chef.

De bonnes âmes charitables objecteront que ces braves fonctionnaires ont une position acquise et qu'on ne peut, en les rendant à la vie commune, les priver de leurs moyens d'existence. De deux choses l'une : ou — ils sont capables, intelligents, instruits et travailleurs; dans ce cas il leur sera toujours facile de se caser autre part et d'y gagner au moins autant qu'au service de l'Etat; ou — ils sont incapables, bons à rien ou à pas grand'chose; alors l'Etat n'a pas à se

---

(*) Nous avons vu dans une Administration de l'Etat, une lettre qui ne contenait pas une page de texte, résumer le travail de quatre employés pendant une journée; voici comment :

1o Le commis rédacteur arrive à son travail à 10 heures et demie, il rédige la lettre sur les données qu'il avait déjà depuis la veille et, à 11 heures et demie il la remet sur le bureau de son chef, lequel arrive à midi et demie, (il ne vient pas tous les jours), il en prend connaissance, la modifie légèrement puis il la retourne au commis-rédacteur, qui rentre de déjeuner à 2 heures et demie. Celui-ci, à son tour la transmet au commis-expéditionnaire qui la copie de sa plus belle écriture et qui, à 3 heures et demie, la donne à la signature, de là elle passe entre les mains du garçon de bureau qui la cachette et la remet au courrier.

Coût de la lettre : une journée du chef de bureau : 20 francs; une journée du commis-rédacteur : 10 francs; une journée du commis-expéditionnaire : 5 francs et une journée du garçon de bureau : 4 fr. 50. Total : 39 fr. 50 !

Dans une maison de commerce, un employé à 3,000 ou 4,000 francs d'appointements, commence sa correspondance à 4 heures et demie ou 5 heures du soir et, à l'heure du courrier, il a expédié 15 à 20 lettres, souvent plus importantes que celle de notre administration en question, et, elles n'ont coûté au patron que dix centimes en moyenne.

transformer en providence en faveur de ces fruits secs de la société ; il fera mieux de réserver ses ressources pour en faire un emploi plus utile.

D'autre part, que le gouvernement tenant compte dans une plus large mesure de notre caractère, de notre faiblesse si l'on veut, de notre amour des distinctions et des honneurs, veuille bien récompenser et encourager davantage les sciences, le commerce et l'industrie qui font la richesse et la grandeur de la Nation, au lieu de donner ses faveurs et ses rubans à des fonctionnaires déjà fort bien payés pour ce qu'ils font et les risques qu'ils courent. Qu'il appelle par tous les moyens qui sont en son pouvoir, la considération sur ceux qui emplissent la caisse, de préférence à ceux qui la vident et, quand les fonctions dont il dispose ne seront plus des sinécures, alors qu'il faudra travailler à son service autant que partout ailleurs ; quand nos honorables ronds de cuir de tous les ordres ne seront plus couverts de décorations, il y aura moins d'amateurs : nos ministres, nos sénateurs, nos députés seront moins sollicités et auront plus de temps à consacrer à nos affaires ; le budget aussi, sera plus facile à équilibrer.

Pourquoi les impôts frappent-ils les contribuables en raison inverse de leurs ressources, c'est-à-dire que le pauvre qui a besoin et qui consomme autant de nourriture que le riche paye davantage aux contributions indirectes, ne pouvant acheter par grande quantité ? Parce que la classe qui s'appelle dirigeante est celle qui tient encore le pouvoir auquel elle n'est parvenue qu'en subtilisant la confiance des pauvres diables ignorants, qui ont naïvement envoyé leurs maîtres dans les parlements où ils ont fait des lois en leur faveur, ne s'inquiétant que des moyens de tondre le plus complétement possible ces pauvres moutons créés et mis au monde pour subir cette opération.

Comment rétablir la justice et l'équité des impôts ? Il faut évidemment en changer la base actuelle. Quelques économistes, beaucoup de penseurs profonds, ont indiqué des réformes.

Nous ne voulons pas examiner toutes les conceptions qui ont été produites, nous n'en retiendrons qu'une seule.

Dans une brochure signée par M. L. Painchon, nous trouvons la proposition d'une mesure absolument radicale.

Selon lui, la dette publique est d'environ 30 milliards et la dette communale, d'environ 15 milliards, soit un ensemble de 45 milliards. Il estime que la fortune publique, la rente comprise, s'élève à 300 milliards et il propose qu'il soit frappé, d'un seul coup, un impôt de 10 0/0 sur cette fortune ou, autrement dit, un rapport à la masse, afin d'acquitter immédiatement notre dette publique et, par suite, réduire notre budget annuel de un milliard cinq cent millions de francs.

Bien que cette proposition ne nous semble pas réalisable dans son entier, elle a du moins le mérite d'être claire, nette et d'indiquer un moyen pratique, qu'on peut tempérer, de sortir de la situation financière dans laquelle nous nous trouvons: en même temps, elle pose le principe de l'impôt sur le capital, le seul qui, suivant nous, soit équitable.

Quoiqu'on fasse, on ne peut tirer quelque chose de rien et on ne peut trouver de l'argent que là où il y en a.

Le capital est une chose palpable, qui se déplace, se transforme et que l'on retrouve toujours sous une forme matérielle. Le travail, au contraire, c'est l'action, le mouvement, la pensée qui agit et qui augmente ou diminue l'importance du capital. Le travail sert à produire et à acquérir le capital, mais, en bonne justice, il ne doit jamais être confondu avec ce dernier qui constitue l'Avoir, la fortune de celui qui possède.

Pour rétablir la bonne harmonie et l'équité entre ces deux agents principaux de notre organisme social il ne faut imposer que le capital. C'est lui qui, jusqu'à présent, à toujours été le plus favorisé, il est temps d'en faire justice.

Etant donné que la fortune de la France est de 300 milliards, que sa dette est de 45 millards, que son budget national et communal est de 5 milliards sur lesquels 2 milliards deux cent cinquante millions sont affectés au service des intérêts de la dette générale, nous pourrions, en imposant annuellement le capital de 3 0/0, éteindre notre dette de 4 milliards chaque année, car, enfin, une nation comme un individu doit, avant tout, payer ses dettes. Dans dix ans, au plus tard, avec cette combinaison, nous ne devrions plus rien et notre budget se trouverait diminué de moitié, ce qui permettrait de réduire cet impôt unique au-dessous de 1 0/0 après ce laps de temps.

De cette façon, la question de l'impôt et du budget serait bien simplifiée ; mais, pour opérer ces réformes, il faudrait une volonté et une énergie dont nos gouvernants et nos représentants ne paraissent pas suffisamment pourvus.

D'un autre côté, les électeurs démocrates devraient, à chaque élection, avoir le bon esprit de n'envoyer au parlement que des hommes compétents. travailleurs et dévoués à leurs intérêts.

Si, parfois, ces intérêts ont été compromis et sacrifiés, cela tient à leur défaut de jugement et d'éducation politique. Il suffit qu'un farceur vienne flatter leurs goûts et leurs appétits, leur promettre toutes les impossibilités qu'un cerveau détraqué peut rêver et qu'il sait fort bien ne pas pouvoir tenir, pour qu'immédiatement il soit élu et porté aux pavois d'où il ne tarde pas à descendre il est vrai, mais le tour n'en est pas moins joué et, le temps pour la bonne besogne est perdu : Jacques Bonhomme est comme avant victime de sa crédulité.

Pourquoi le travail manque-t-il et souffrons-nous depuis quelques années d'une crise qui menace de s'éterniser? Parce que les impôts sont écrasants et que le travailleur est obligé, afin de suffire à ses besoins, de faire payer son ouvrage plus cher, d'où il résulte que nos fabricants ne peuvent plus supporter la concurrence étrangère, la main-d'œuvre étant moins élevée chez nos voisins.

Comment arrêter ce mal qui va grandissant? En diminuant la cherté de l'existence du travailleur, en accomplissant les réformes nécessaires que nous venons d'indiquer; en diminuant les dépenses de l'Etat, en changeant complètement notre mode d'impôts, en n'entravant pas les transactions par un système de protection qui ne protège personne, pas même ceux qui l'ont réclamé et qui reconnaîtront un jour qu'ils se sont trompés ou que de faux économistes les ont mis dans l'erreur; en faisant participer le travailleur aux bénéfices de son œuvre, en l'intéressant ou l'associant. C'est là encore un sacrifice que le capital devra faire au travail s'il veut vivre en paix avec lui.

Bien que cette réforme soit du domaine privé, qu'il n'y ait pas lieu de faire intervenir le législateur, que la liberté de l'offre et de la demande doive demeurer entière, le pouvoir peut encourager, comme nous l'avons dit, les propagateurs, les vulgarisateurs de cette idée; mais, comme corollaire, les travailleurs doivent bien se pénétrer de cette vérité, c'est que l'aisance et le bien-être ne leur viendront que grâce à leur mérite, à leurs efforts, à leur bonne conduite, à leur instruction, à leur intelligence, à leur énergie et à leur persévérance dans le bien.

Certains égarés, heureusement peu nombreux, croient qu'en s'emparant du bien d'autrui par la violence on s'assurera l'avenir. C'est une grave erreur; en poursuivre la réalisation serait une mauvaise action; mettre une semblable théorie en pratique serait reconnaître et admettre cette formule barbare : *La force prime le droit.*

Conclusion

La crise que nous subissons, l'énormité de notre budget appellent forcément l'attention. Notre malaise va toujours grandissant et si nous ne prenons pas de mesures radicales, nous arriverons à un désastre.

Nos législateurs, nos gouvernants reculent devant les réformes qui s'imposent, ils ne savent ou n'osent pas prendre les mesures héroïques que commandent les circonstances. Par leurs hésitations, leurs tâtonnements et leur insuffisance ils fatiguent, ils énervent le pays, discréditent notre régime démocratique et font ainsi les affaires de la réaction monarchique.

Il faut avoir le courage et l'énergie de démolir notre vieil édifice social, construit par des générations d'oppresseurs, rapiécé par d'autres générations oppressives également et qui croule de tous côtés ; il faut en reconstruire un nouveau approprié aux aspirations de notre civilisation moderne et nous permettant de nous mouvoir librement dans notre sphère de progrès.

Pour accomplir une pareille œuvre, il faut des hommes virils, animés de l'amour de l'humanité et de la justice ; des hommes hardis, persévérants, travailleurs, indépendants et qu'aucune considération d'intérêt personnel ne puisse arrêter ni corrompre.

Avons-nous, dans nos parlements, une quantité suffisante de ces hommes ? Nous ne le pensons pas, hélas ! Ceux en trop petit nombre qui s'y trouvent, sont annihilés par la masse de ceux qui les entourent. L'atmosphère de démoralisation dans laquelle nous vivons en rend la découverte difficile et la façon dont nous procédons dans nos élections ne facilite pas notre tâche.

Si, au lieu d'attendre que les candidats viennent solliciter nos suffrages, nous allions chercher et solliciter nous-mêmes nos représentants parmi les hommes ayant les qualités et les aptitudes dont nous avons besoin, nous serions mieux servis. Généralement les hommes de quelque valeur ne veulent pas faire eux-mêmes leur panégyrique et subir, quelquefois, des sottises et des injures lancées dans les réunions publiques par des individus inconscients ou mal intentionnés.

Dans les luttes électorales, ce sont souvent les moins méritants qui remportent la victoire. Ceux-là ne craignent pas de promettre tout ce qu'on voudra ; ils s'adjugent toutes les vertus, toutes les qualités ; ils affrontent, sans vergogne, les lazzis et les injures ; on les jette à la porte, ils rentrent par la fenêtre ; ils n'ont pas de scrupules, tous les moyens leur sont bons, pourvu qu'ils réussissent. De telles mœurs politiques ne sont pas faites pour amener au pouvoir les hommes supérieurs qui nous sont nécessaires ; il faut donc modifier cette manière de faire si nous voulons obtenir de meilleurs résultats que par le passé.

Quand nous aurons su choisir de bons législateurs, nous aurons de bons Ministres et de bons fonctionnaires, beaucoup moins nombreux, espérons-le, qui feront mieux et plus rapidement nos affaires. Alors, nous n'aurons plus d'impôts iniques, nous aurons payé nos dettes, et notre budget considérablement diminué, pourra facilement s'équilibrer.

Paris. — Impr.-lithogr. APPERT, GENÈVE, succ. 56, Passage du Caire.